AF316803

Aprende todo sobre los...
VOLCANES

Samuel John
BOOKS

¿Comenzamos?

La palabra "volcán" viene de Vulcano, el dios romano del fuego.

Un volcán es una abertura en la corteza terrestre por donde se libera magma.

 **¿Qué es el magma?**

Es roca fundida que se encuentra en el interior de la Tierra.

Cuando el magma sale a la superficie lo llamamos lava.

Los volcanes entran en erupción por el aumento de presión al calentarse el magma.

Los gases y rocas calientes se expulsan al exterior.

Su forma cónica se debe a la acumulación del magma expulsado en erupciones anteriores.

Además de magma, los volcanes también expulsan rocas, gases y cenizas.

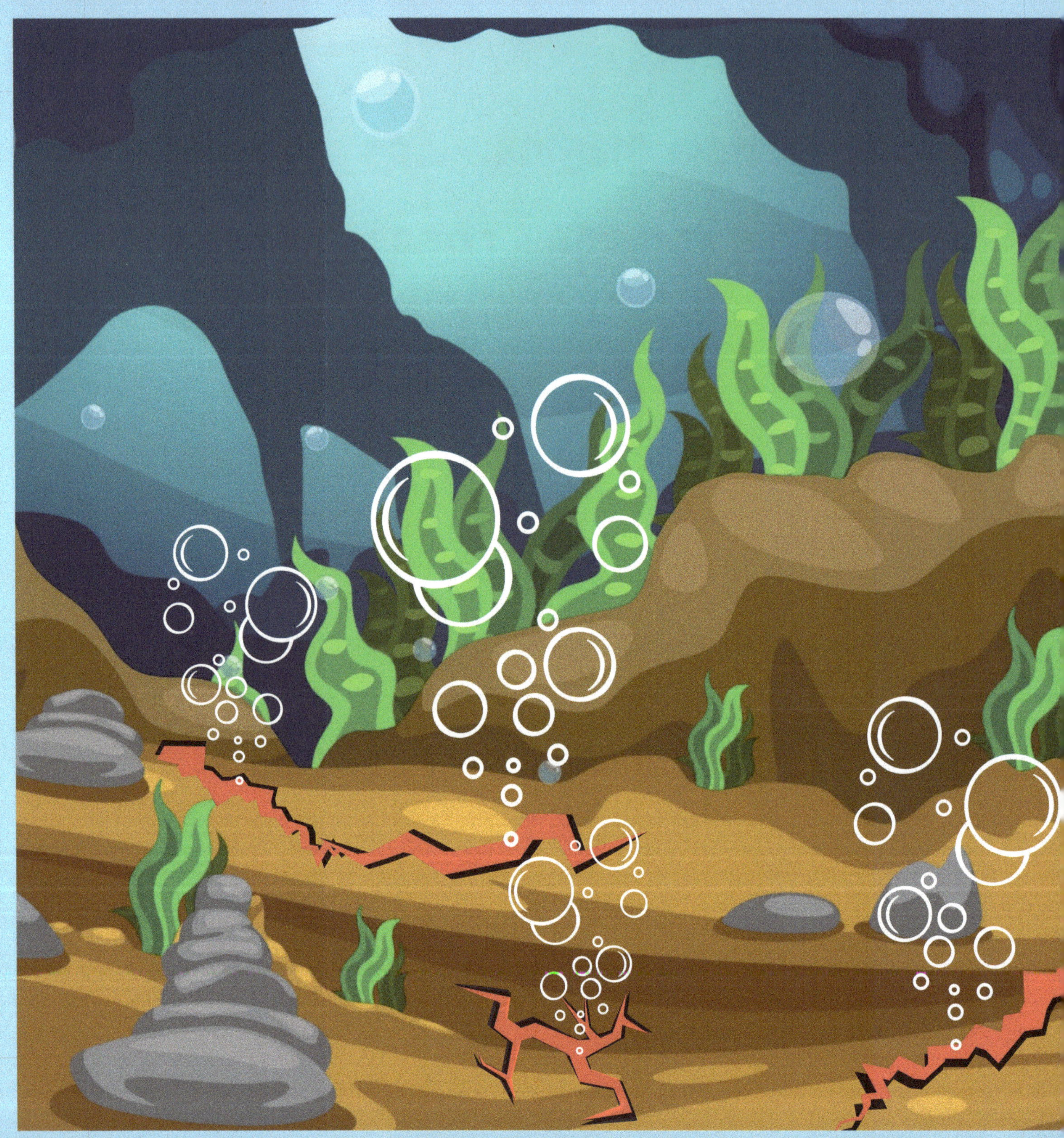

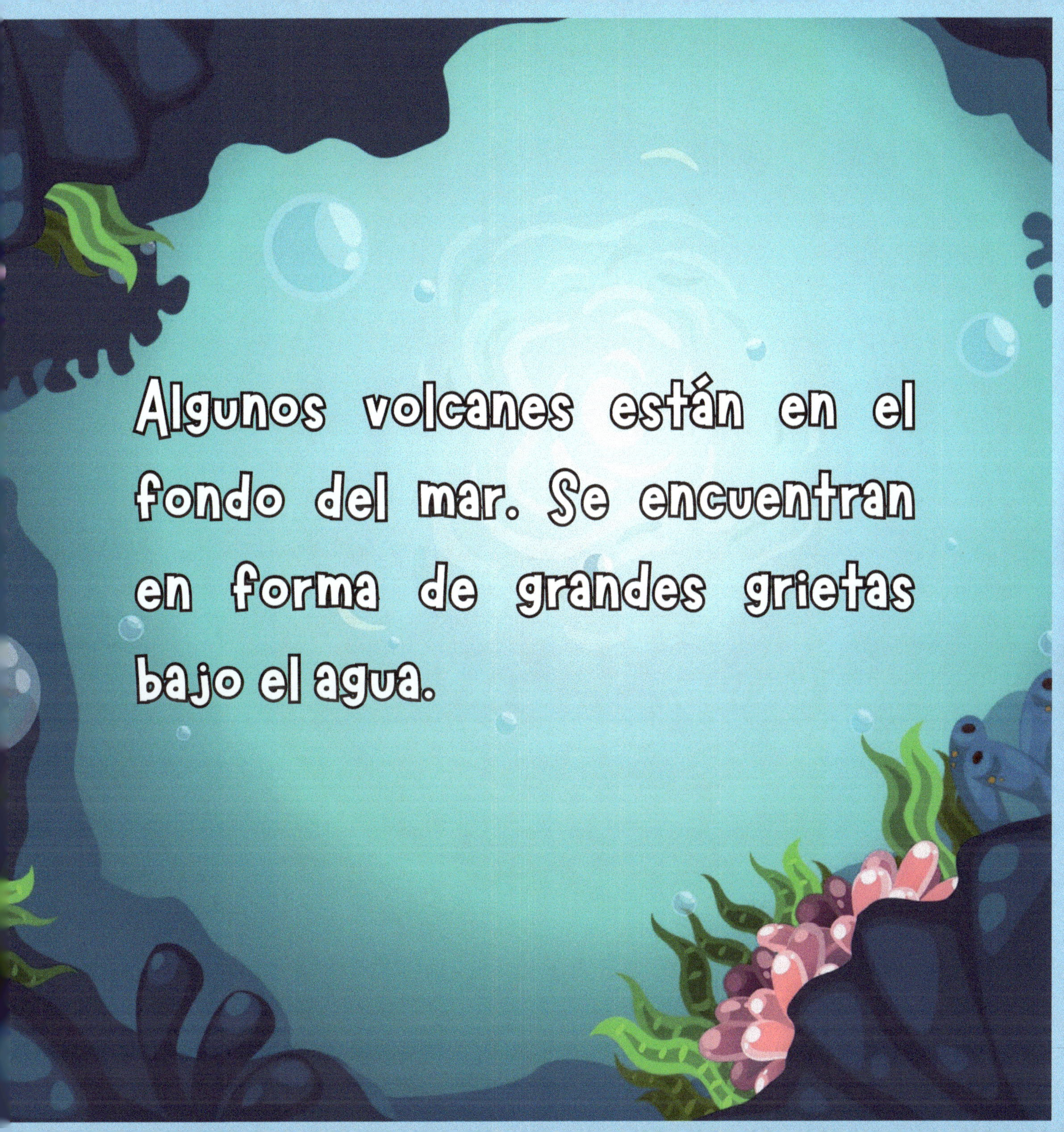
Algunos volcanes están en el fondo del mar. Se encuentran en forma de grandes grietas bajo el agua.

Cuando se producen erupciones volcánicas en el fondo del océano, la lava acumulada puede llegar a formar islas volcánicas.

Por ejemplo, las Islas Canarias en España.

Los volcanes pueden ser muy destructivos, debido a las rocas, la ceniza, la lava y los gases que expulsan.

En nuestro planeta hay cerca de 1.500 volcanes potencialmente activos.

El volcán más grande de nuestro planeta se llama Mauna Loa y está en Hawaii.

BAR

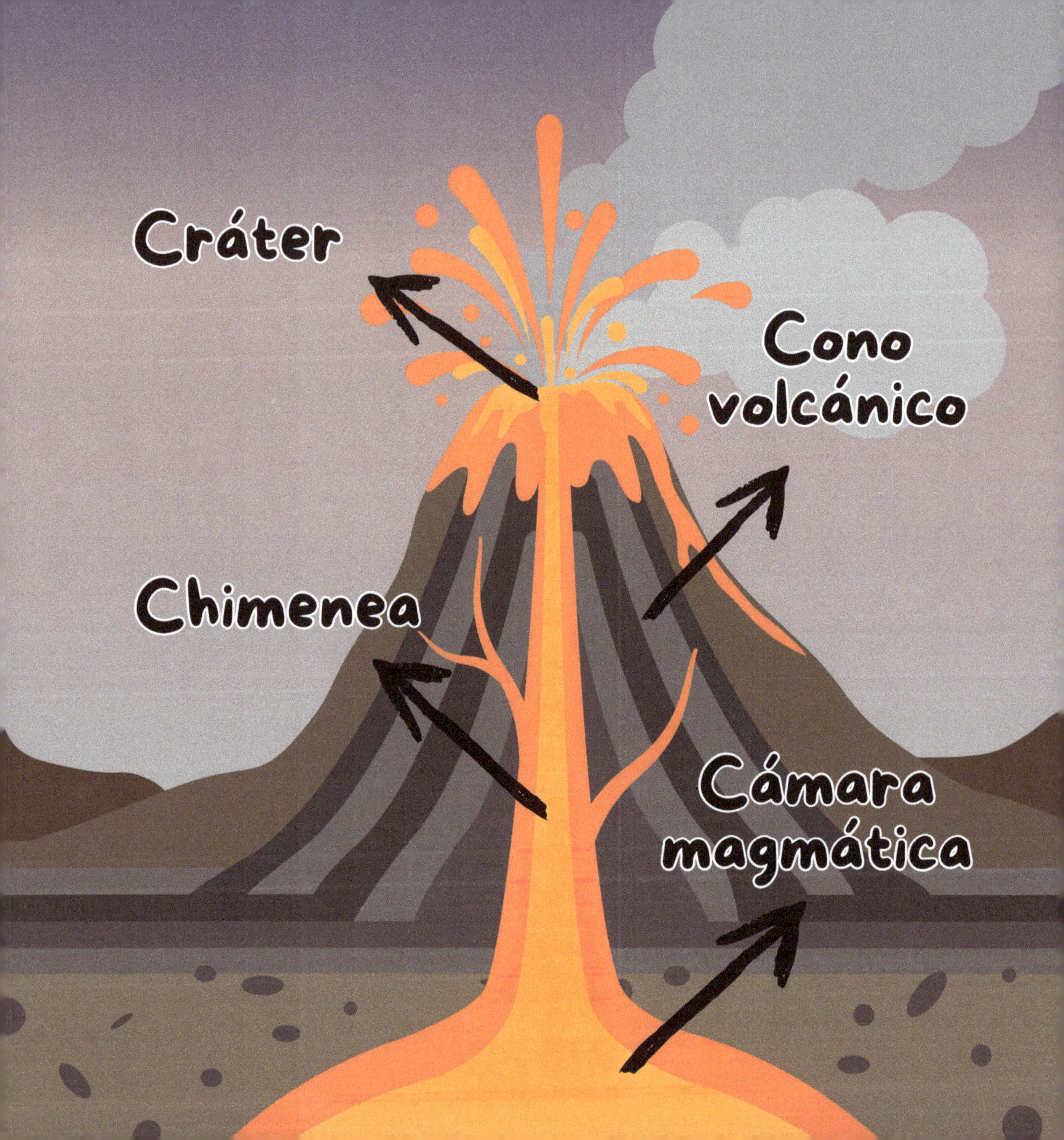

Cráter
Cono volcánico
Chimenea
Cámara magmática

# Partes del volcán:

**Cámara magmática:** Donde se almacena el magma antes de ser expulsado.

**Cráter:** El orificio por donde salen la lava, la ceniza y los gases.

**Chimenea:** Une la cámara magmática con el cráter. Es por donde se expulsa el magma.

**Cono volcánico:** Forma del volcán, a causa de la acumulación de magma enfriado.

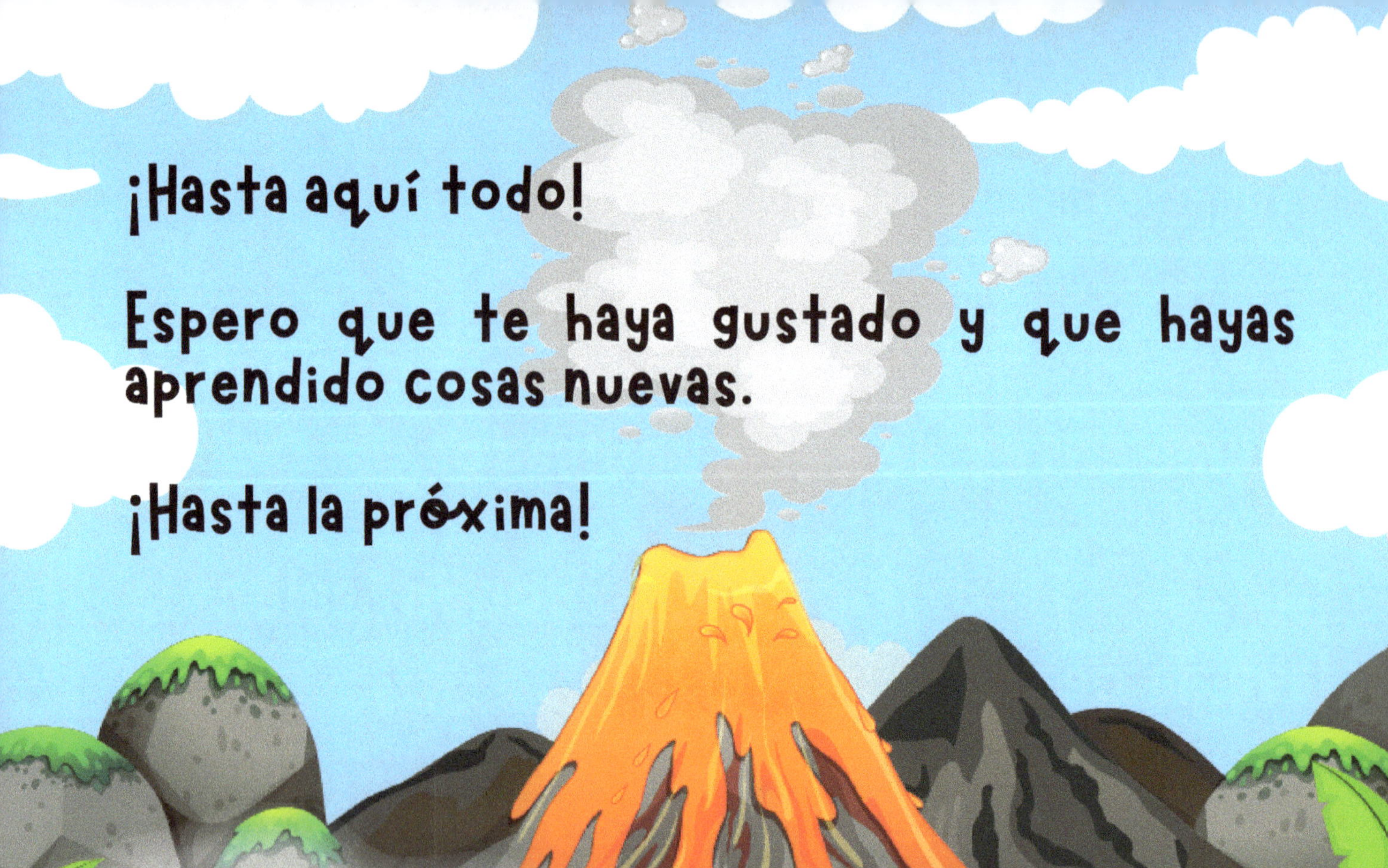

¡Hasta aquí todo!

Espero que te haya gustado y que hayas aprendido cosas nuevas.

¡Hasta la próxima!

Quiero pedirte un favor para que este libro llegue a más personas, y es que lo valores con una sincera opinión en la plataforma donde lo hayas adquirido.

Con ese pequeño gesto me estarás ayudando a continuar con nuevos proyectos.

¡Estoy deseando empezar a crear mi próximo libro para ti!

Gracias de antemano por dedicarme unos segundos de tu tiempo para compartir tu experiencia. ¡Gracias por tu apoyo!

¡Hasta pronto!

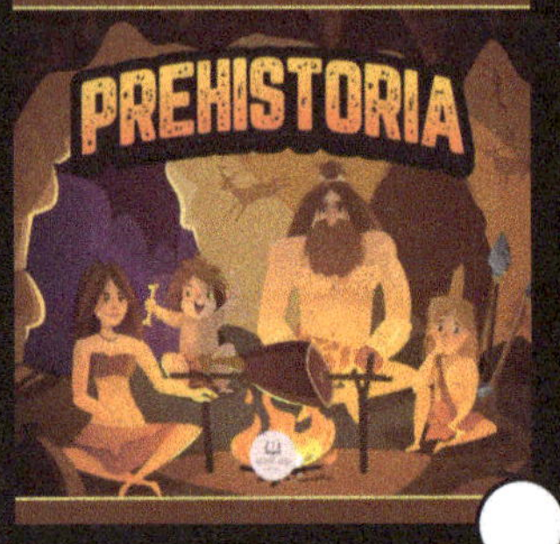

www.amazon.es/dp/B09P631TNS

contacto@samueljohnbooks.com

www.facebook.com/samueljohnbooksES

www.ingramcontent.com/pod-product-compliance
Lightning Source LLC
Chambersburg PA
CBHW040736150726
48196CB00011B/624